ROBERTO BOMBASSEI

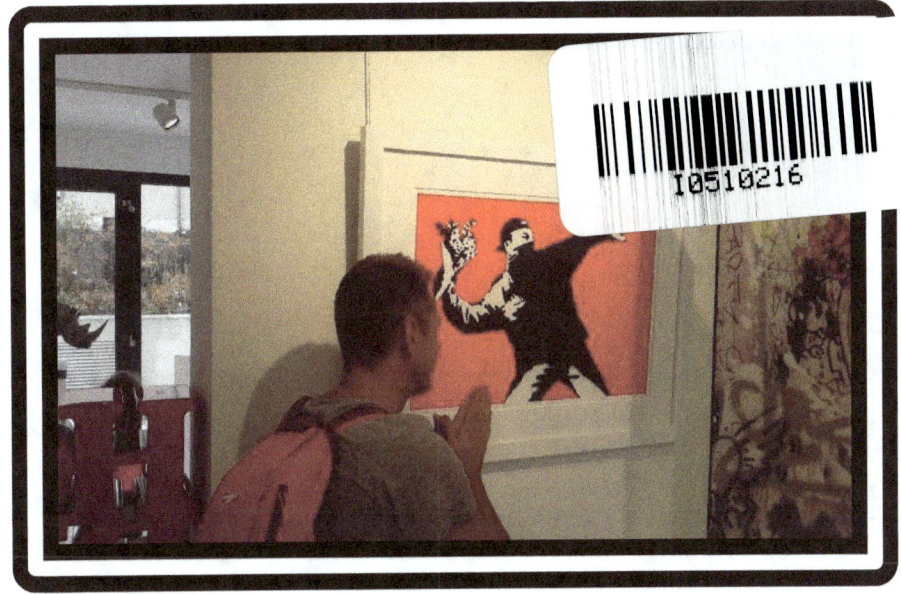

BANKSY

-L'ARTISTA SENZA VOLTO-

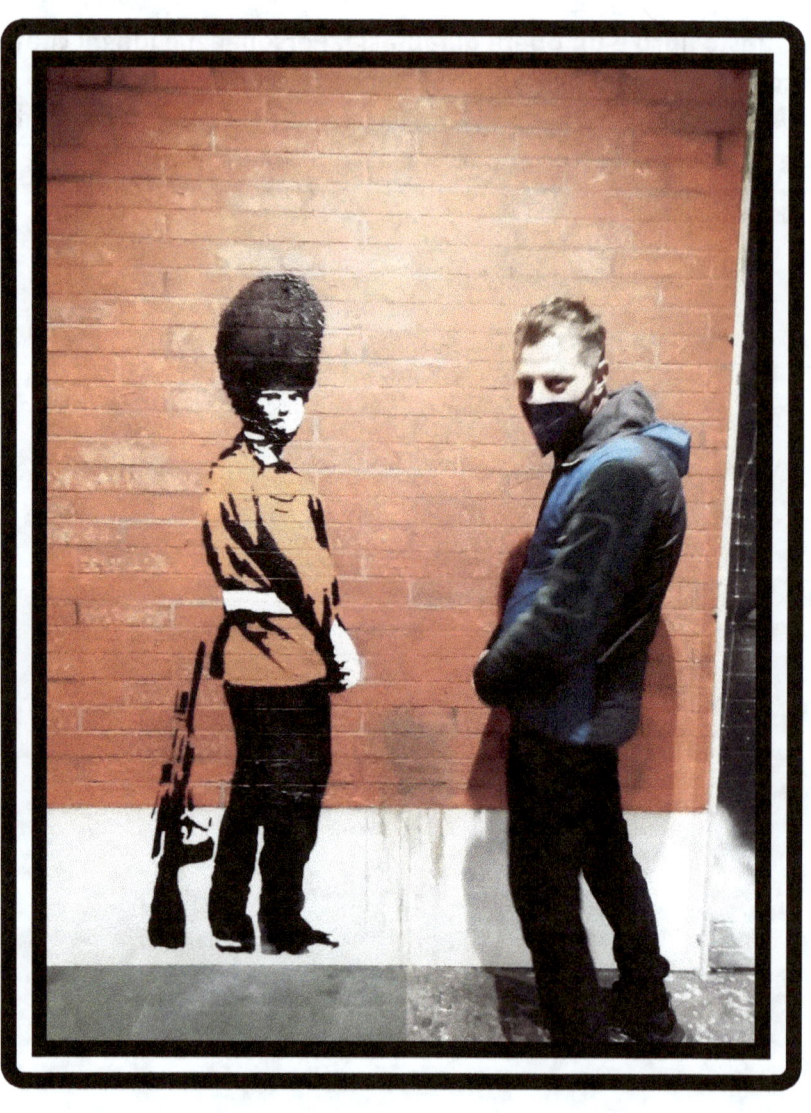

Provocatorio, rivoluzionario, coraggioso. Ma non solo. Intelligente, colto e soprattutto senza volto. Nessuno sa chi sia.

Con le sue opere ama provocare, mettere in discussione le verità che diamo per scontate, criticare la manipolazione mediatica cui tutti siamo sottoposti, l'inquinamento, lo sfruttamento minorile.

Sulla sua reale identità continuano i confronti e i dibattiti, e nessuno sa ancora con certezza chi si nasconda dietro quel nome. Può essere una donna? Oppure un collettivo di artisti riuniti sotto lo stesso nome? Può essere un cantante famoso? A me, sinceramente, chi sia realmente, non interessa. Il mistero sulla sua persona vale più di sapere chi è in realtà.

Banksy, nato a Bristol, è un artista e writer inglese, considerato uno dei maggiori esponenti della street art. Le sue opere combinano un umorismo oscuro con graffiti eseguiti con la tecnica dello stencil e parlano delle assurdità della società occidentale, della manipolazione mediatica, delle atrocità della guerra, dell'inquinamento, dello sfruttamento minorile, della brutalità della repressione poliziesca e del maltrattamento degli animali.

Per veicolare questo messaggio viene fatto ricorso a un'ampia gamma di soggetti, quali scimmie, topi (celebri ormai i suoi rats), poliziotti, ma anche bambini e membri della famiglia reale.

Banksy riesce a combinare questi temi atroci in opere piacevoli e sublimi, in grado di trasformare il tessuto urbanistico delle città occidentali in luogo di riflessione.

Una volta che lo incontri e lo capisci lo amerai per sempre.

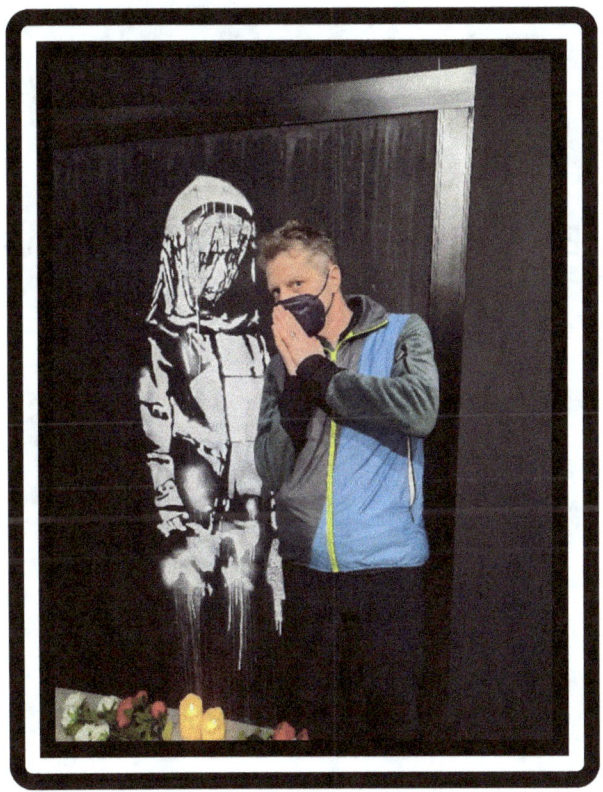

BANKSY – L'ARTISTA SENZA VOLTO

Mi ha dato appuntamento nella sua città natale: Bristol.

Bristol è al contempo una città e una contea, un distretto e un'autorità unitaria del sud-ovest dell'Inghilterra. È la sesta città più popolosa dell'Inghilterra e l'ottava più popolosa del Regno Unito, e quella più popolosa della regione del sud-ovest. È situata sul fiume Avon che segna tradizionalmente la frontiera tra le contee del Gloucestershire e del Somerset.

Bristol è anche uno dei centri principali della produzione del cartone, centro di spicco per carta e cartoncini di alta qualità: dalla città prende nome il famoso "cartoncino Bristol" di media rigidità, utilizzato per découpage e lavori artigianali. Questi prodotti vengono esportati in tutta Europa. *"Forse è per questo che è nato li"* penso tra me e me.

Bristol è una delle città inglesi musicalmente più attive; ha tradizione in diversi generi, tra cui reggae, dubstep, drum and bass e soprattutto trip hop, genere originario proprio di Bristol. Il celebre gruppo musicale Massive Attack è di questa città così come i Portishead e i Tricky. A Bristol si trova la sede degli Aardman Studios, studio di animazione che ha prodotto, tra gli altri, Wallace e Gromit.

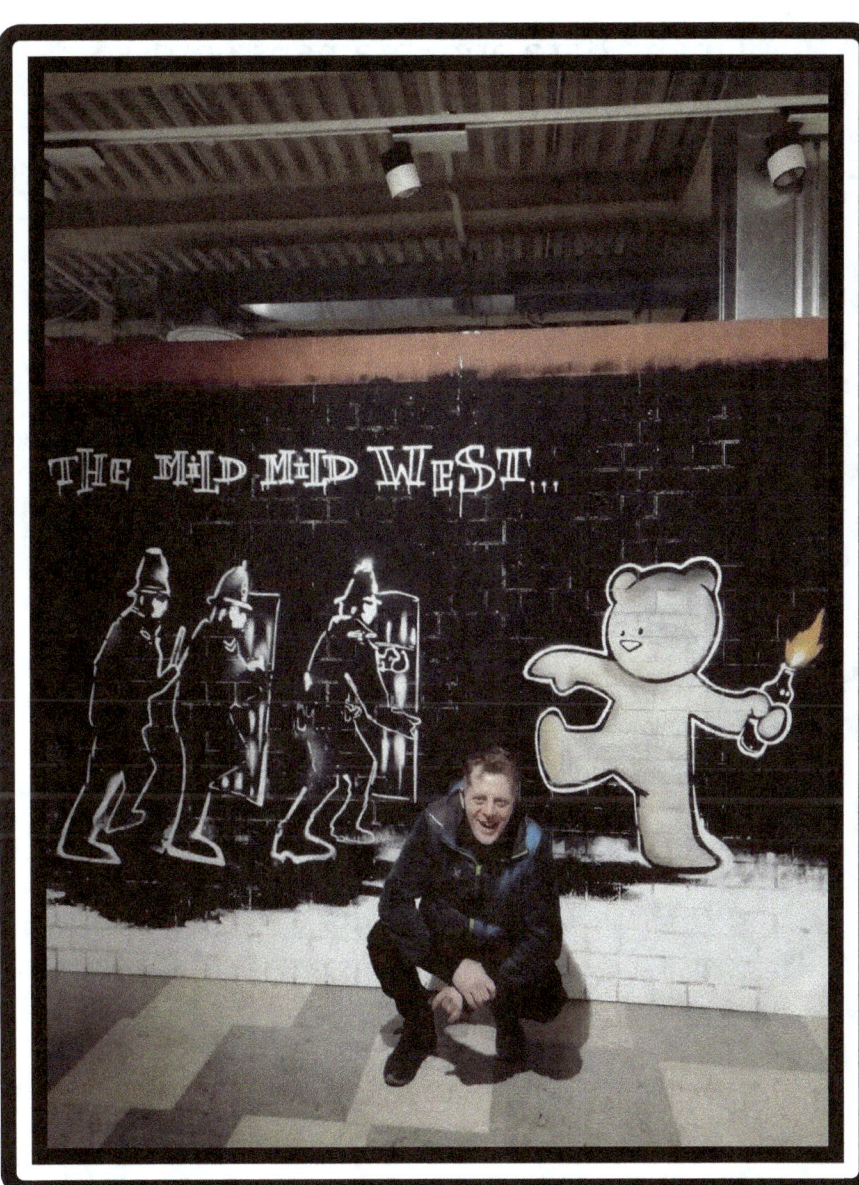

Lui mi ha dato appuntamento presso la cattedrale di Bristol, cattedrale della Santa e Indivisibile Trinità, che è la chiesa principale della diocesi anglicana. La Cattedrale di Bristol è una delle grandi chiese medievali dell'Inghilterra.

Un messaggio sul mio cellulare mi conduceva a lui. *"Vai alla cappella della signora Anziana".*

 La Cappella della Signora Anziana fu costruita intorno al 1220 sotto l'abate David, la cui tomba si trova fuori dal suo ingresso. Ha sculture divertenti, piene di animali che possono essere viste intorno alle pareti. In questa cappella, per secoli, è stato riservato un onore speciale a Maria, madre di Cristo. È chiamata la cappella della signora "anziana" perché un'altra cappella della signora è stata aggiunta all'estremità orientale del coro nel 1298. La cappella contiene molte opere d'arte, tra cui la tomba medievale di Lady Margaret Mortimer e Lord Maurice Berkeley e le icone di Sant'Agostino di Ippona e santo locale, Giordania.

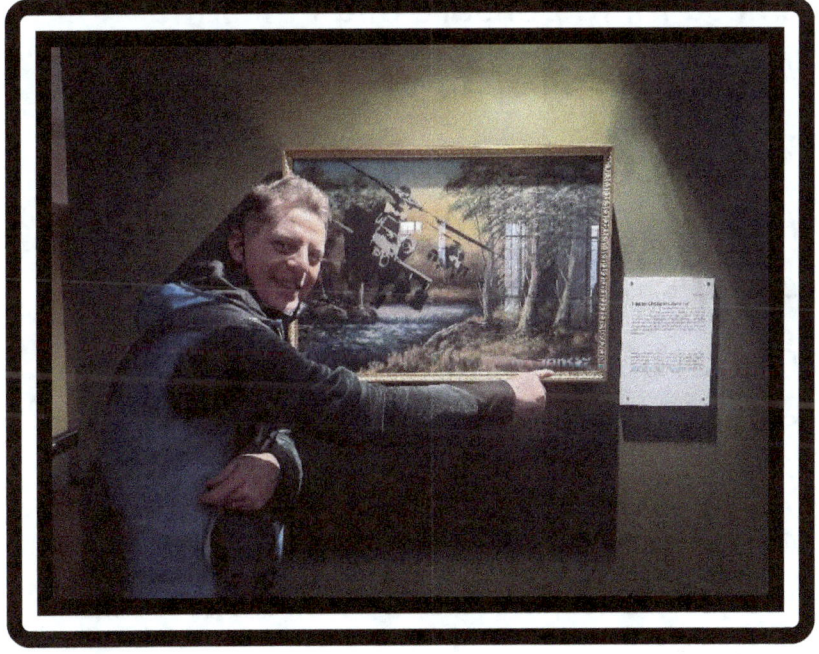

Lo trovai subito. Cappellino e felpa nera. E due occhi profondi. Per sua richiesta, non posso dirvi altro.

"Ciao viaggiatore del tempo, benvenuto a Bristol" e mi diede un cinque, che ricambiai. *"Ti ho voluto incontrare qui, così non diamo nell'occhio a nessuno, anzi facciamo finta di essere in preghiera."* E prosegue - *"Il silenzio della chiesa mi fa pensare alla Palestina"*

"Sei legato alla Palestina..."

"Mi sono recato per la prima volta in Palestina nell'estate del 2005 ...nella zona di Betlemme realizzai nove opere."

Questi disegni rimangono tuttora tra le sue opere più conosciute; una bambina che perquisisce un soldato, un ragazzo che lancia un mazzo di fiori e squarci nel muro che lasciano intravedere paradisi tropicali.

"I muri vanno molto di moda in questo momento, ma io me ne sono occupato molto prima che Trump li rendesse cool".

Vado di memoria. Risale a quel periodo la prima volta in cui disegna una bambina sollevata in aria da un grappolo di palloncini, un'opera che diventerà un'icona mondiale. Ed è proprio mentre realizza questo stencil che l'artista viene ripreso in uno dei rarissimi filmati che esistono su di lui. La sua faccia non si vede così la sua identità continua a restare avvolta nel mistero. Il muro, più di 700 km di cemento e recinzioni, è stato eretto dagli israeliani dopo il 2002 con il nome di "chiusura di sicurezza"; per i palestinesi è "Il muro della vergogna" o "dell'apartheid".

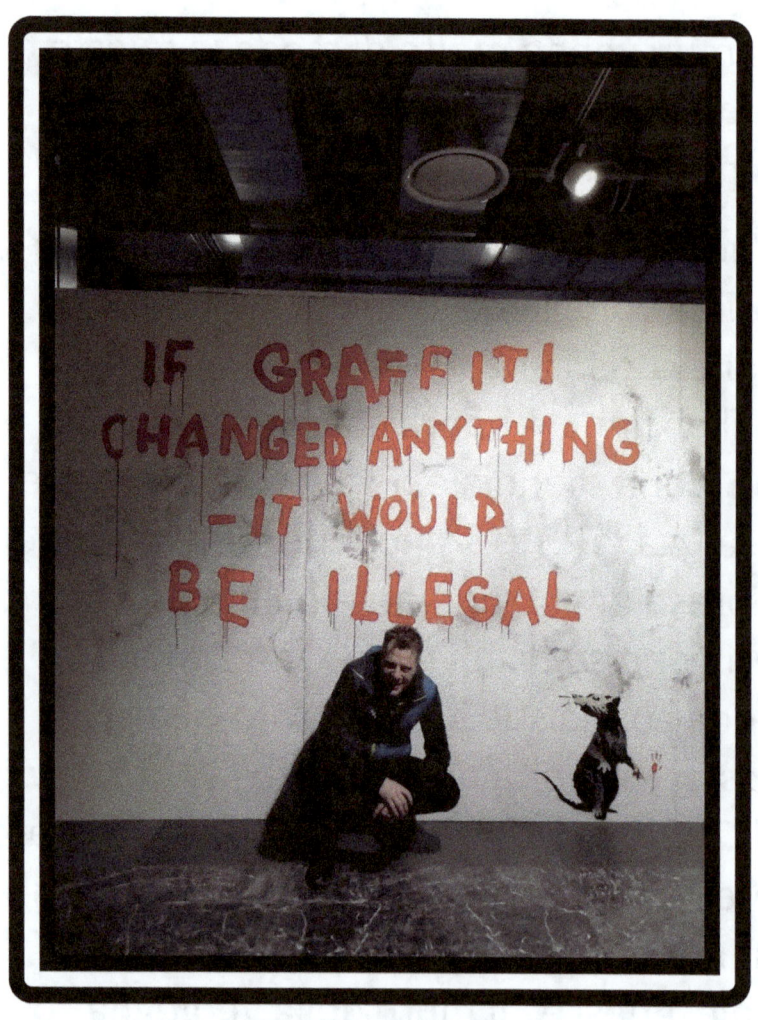

Una barriera oramai dimenticata dalla comunità internazionale e su cui l'artista vuole riportare l'attenzione, come già ha fatto in passato.

«Un muro è una grande arma. È una delle cose peggiori con cui colpire qualcuno» mi dice a bassa voce. "ci sono ritornato in Palestina, sai? Mi sono portato altri 14 artisti provenienti da tutto il mondo.... "

"Qual era il vostro obiettivo?"

"Quello di sensibilizzare l'opinione pubblica sugli effetti della barriera in questi territori e di riportare i turisti nella città della Natività. ...In pochi giorni il Muro si è trasformato in un'enorme tela piena di disegni, di colore, di slogan che inneggiano alla libertà...ma non tutti hanno apprezzato..."

"In che senso?"

"Vedi, viaggiatore del tempo, mentre stavamo facendo stencil, un anziano signore palestinese mi ha fermato durante la realizzazione di un'opera per rimproverarmi di aver reso bello il Muro. Mi disse: Dipingi il muro, lo fai sembrare bello. E io risposi: Grazie. E lui: Non vogliamo che sia bello, odiamo questo muro, vattene.»

"Però negli anni molti palestinesi hanno cambiato opinione grazie al gran numero di visitatori che i graffiti hanno attirato in città, o sbaglio?"

"Sì certo. Sono ritornato nel 2015 a Gaza; realizzai quattro nuovi graffiti e girai un video surreale e cinico in cui invitavo il mondo a «scoprire Gaza, una nuova destinazione fuori dai circuiti turistici che gli abitanti amano così tanto da non lasciarla mai».

"E poi, se non sbaglio, a marzo 2017, dopo aver lavorato 14 mesi in gran segreto, riappari con una nuova provocazione per riportare Betlemme e la situazione palestinese sotto i riflettori..."

"L'obiettivo principale è quello di dare la possibilità ai turisti di passare qualche notte all'ombra del muro, provando lo stesso senso di claustrofobia con cui convive la popolazione palestinese e gettando un occhio sulla loro difficile quotidianità."

"Dopo mesi di silenzio sei infatti ritornato annunciando a sorpresa l'apertura a Betlemme del "Walled off Hotel", a ridosso del Muro che separa Israele dalla Cisgiordania."

"L'hotel con la peggior vista al mondo" – mi dice - *"vedi viaggiatore del tempo, i più grandi crimini nel mondo non sono commessi da persone che infrangono le regole. Sono le persone che seguono gli ordini, che sganciano bombe e*

massacrano villaggi." - "Non possiamo fare nulla per cambiare il mondo fino a quando il capitalismo non si sgretolerà. Nel frattempo, dovremmo tutti andare a fare shopping per consolarci."

"Shopping in un museo?"

«L'arte che guardiamo è fatta da solo pochi eletti. Un piccolo gruppo crea, promuove, acquista, mostra e decide il successo dell'Arte. Solo poche centinaia di persone nel mondo hanno realmente voce in capitolo. Quando vai in una galleria d'arte sei semplicemente un turista che guarda la bacheca dei trofei di un ristretto numero di milionari»

"Brad Pitt ha dichiarato: «Fa tutto questo e resta anonimo. Penso che questo sia fantastico. Nei nostri giorni tutti tentano di essere famosi. Ma lui ha l'anonimato»

"Non capisco perché le persone siano così entusiaste di rendere pubblici i dettagli della loro vita privata, dimenticano che l'invisibilità è un super potere. In futuro, tutti saranno anonimi per 15 minuti."

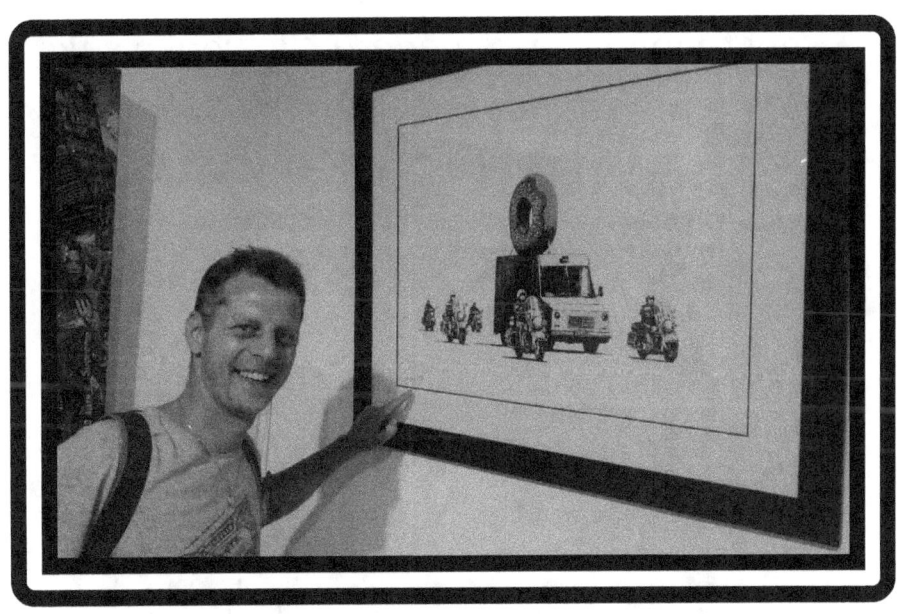

SULL'ESSERE ARTISTI

"Perché sei diventato un writer?"

"Alcune persone diventano dei poliziotti perché vogliono far diventare il mondo un posto migliore. Alcune diventano vandali perché vogliono far diventare il mondo un posto migliore da vedere." Io voglio solo rendere il mondo un posto più bello." Se non ti piace, puoi dipingerci sopra!"

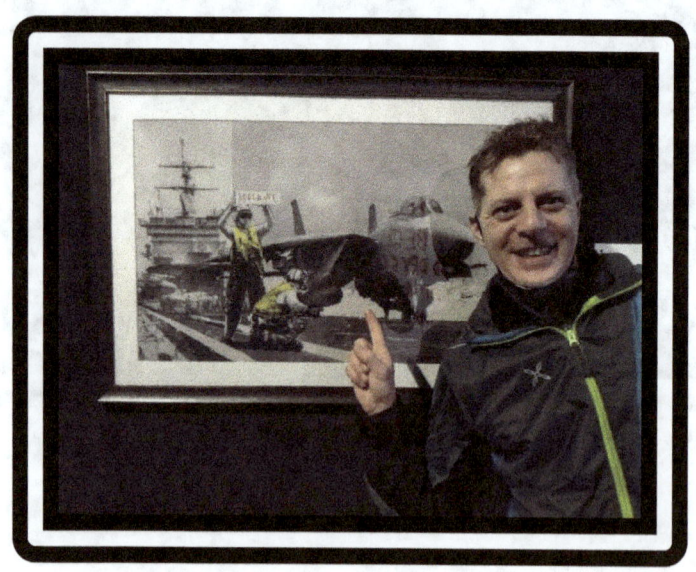

"Cosa pensi dell'arte?"

"L'arte dovrebbe confortare ciò che è disturbato e disturbare ciò che è confortevole. L'arte contemporanea è disastrosa. Mai nel campo della storia umana è stato fatto così tanto da così tanti per dire così poco. L'arte contemporanea è stata cancellata a causa dell'intervento della polizia."

"Ma tu sei un artista di successo!"

"Non ci vuole molto per diventare un artista di successo: tutto ciò che devi fare è dedicarci tutta la vita."

"Come ritieni sia l'arte quindi?"

"L'arte non è come le altre culture perché il suo successo non è fatto dal suo pubblico. Il pubblico riempie le sale da concerto e i cinema tutti i giorni, abbiamo letto i romanzi a milioni, e comprato

dischi a miliardi. 'Noi, il popolo, influenziamo la produzione e la qualità della maggior parte della nostra cultura, ma non la nostra arte. La gente dice che i graffiti sono brutti, irresponsabili e infantili ... ma solo se fatti bene. I graffiti sono stati utilizzati per dare inizio a rivoluzioni, fermare le guerre, e in generale sono la voce delle persone che non sono ascoltate. Dipingere Graffiti è il modo più onesto di essere un artista."

Sorride. "Io continuo a dipingere graffiti perché penso sinceramente che il bordo di un canale sia un posto più interessante per l'arte che un museo. Il fatto è che se esponi in una galleria ti tocca gareggiare contro un Rembrandt, ma se dipingi un vicolo devi vedertela solo con un bidone della spazzatura." - "ho letto una ricerca di un importante museo di Londra che ha dimostrato che l'utente medio guarda un dipinto per massimo otto secondi. Quindi, se metti la tua arte a un semaforo stai già facendo numeri migliori di Rembrandt."

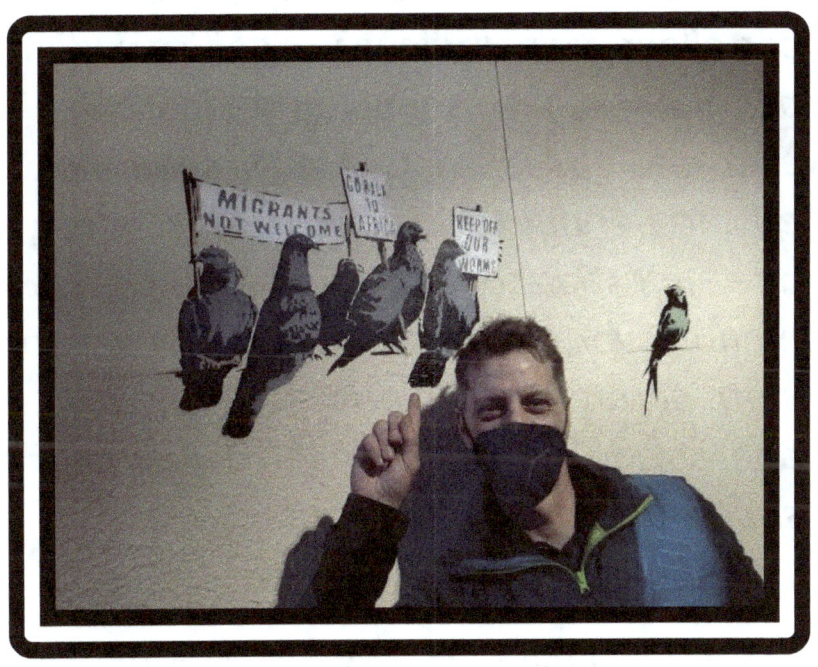

GRAFFITI, STENCIL E ALTRO

"Perché usi gli stencil?"

«Io uso quello che serve. A volte questo significa solo disegnare un paio di baffi sul volto di una ragazza su qualche cartellone, talvolta invece significa sudare per giorni su un disegno intricato. La chiave è l'efficienza. Gli stencil sono efficaci per due motivi; uno - sono veloci; due - infastidiscono gli idioti. La tua mente lavora al meglio quando sei in uno stato paranoide. Esplori velocemente ogni strada e ogni possibilità della tua situazione con assoluta chiarezza

I graffiti sono pericolosi solo nella mente di tre tipi di persone: i politici, i dirigenti pubblicitari e gli autori di graffiti.

I graffiti sono uno dei pochi strumenti che hai quando non hai quasi nulla.".

"Tu ritieni che i graffiti siano arte?"

"I graffiti dovrebbero essere giudicati allo stesso livello dell'arte moderna? Certo che no: sono molto più importanti. I graffiti sono stati utilizzati per dare inizio a rivoluzioni, fermare le guerre, e in generale sono la voce delle persone che non sono ascoltate. Contrariamente a quanto si va dicendo, non è vero che i graffiti sono la più infima forma d'arte. Certo, può anche capitare di dover strisciare furtivamente in piena notte e dire bugie alla mamma, ma in verità è una delle forme d'arte più oneste che ci siano. Non c'è elitarismo né ostentazione, si espone sui migliori muri che una città abbia da offrire e nessuno è dissuaso dal costo del biglietto. Fare graffiti è il modo più onesto di essere un artista. Non ci vuole denaro per farli, non hai bisogno di istruzione per capirli, e non c'è una tassa di ammissione."

"Ritieni che siano capiti?"

"Gli amministratori delle nostre città non capiscono i graffiti perché per loro se una cosa non dà profitto non ha diritto di esistere, e questo toglie qualsiasi valore alla loro opinione. Vedi, viaggiatore del tempo, chiedere il permesso è come chiedere di poter tenere un sasso che qualcuno ti ha appena tirato in testa. Chi davvero sfregia i nostri quartieri sono le aziende che scribacchiano slogan in formato gigante sulle facciate degli edifici e sulle fiancate degli autobus, cercando di farci sentire inadeguati se non compriamo la loro roba."

Scuote il capo, ma sta pensando. "La TV ha fatto sembrare inutile andare a teatro, la fotografia ha praticamente ucciso la *pittura, ma i graffiti sono rimasti gloriosamente incontaminati dal progresso."*

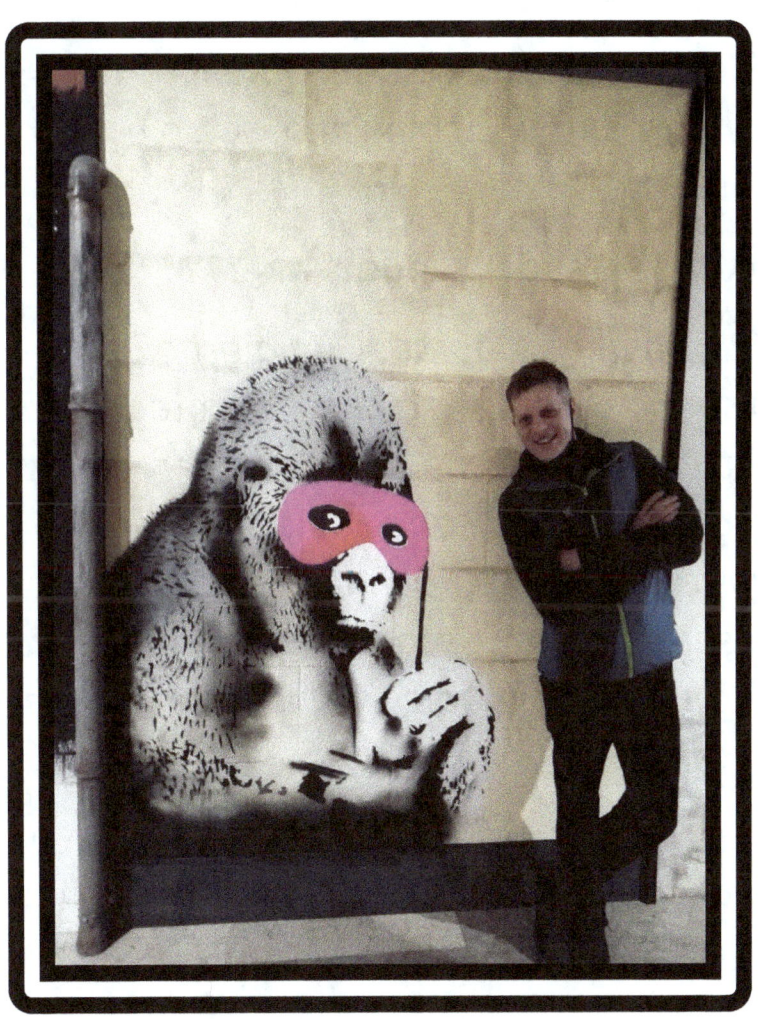

"Quali sono secondo te i bisogni umani prioritari?"

"Ci sono quattro bisogni umani fondamentali, cibo, sonno, sesso e vendetta."

"A cosa stai pensando?"

"Pensa al paradosso. Oggigiorno ho bisogno di qualcuno che mi protegga da tutte le misure che prendono per proteggermi. Dicono che si muoia due volte. Una volta quando si smette di respirare e una seconda volta, un po' più tardi, quando qualcuno dice il tuo nome per l'ultima volta. "

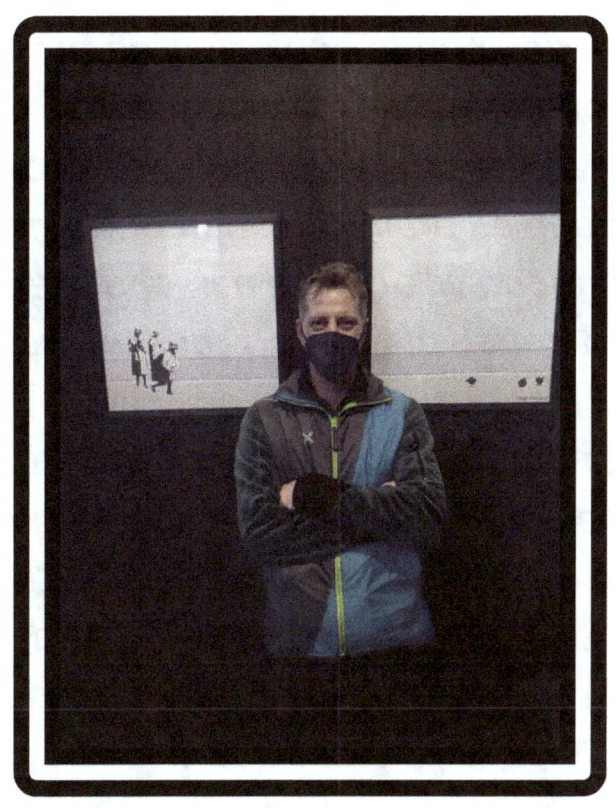

"C'è qualcuno che rientra in questo tuo pensiero?"

"Sì certo, viaggiatore del tempo: persone che dovrebbero essere fucilate: teppisti fascisti, fondamentalisti religiosi, persone che scrivono liste di persone che dovrebbero essere fucilate." I più grandi

crimini del mondo non sono commessi dalle persone che violano le regole, ma da quelle che le seguono. Sono persone che eseguono gli ordini, che bombardano e distruggono villaggi. Le persone che si alzano presto al mattino causano guerra, morte e carestia. Le persone che amano sventolare bandiere non meritano di averne una. Ci vuole del fegato, e anche tanto, per levarsi in piedi da perfetti sconosciuti in una democrazia occidentale e invocare cose in cui nessun altro crede, come la pace, la giustizia e la libertà. Diventate bravi a barare e non avrete mai bisogno di diventare bravi in qualsiasi altra cosa.

Tu non devi nulla alle aziende. Meno di niente, soprattutto non devi loro alcuna cortesia. Loro devono qualcosa a te. Hanno riarrangiato il mondo per mettersi di fronte a te. Non hanno mai chiesto il tuo permesso, non iniziare nemmeno tu a chiedere il loro.

Marchi di fabbrica, proprietà intellettuali e diritti d'autore fanno in modo che i pubblicitari possano dire ciò che vogliono, dove vogliono, con totale impunità. Le fermate degli autobus sono luoghi molto più interessanti e utili per l'arte di quanto lo siano i musei. Non è necessaria una concessione edilizia per fare castelli in aria. Non c'è nessuno di più pericoloso di chi vuole rendere il mondo un posto migliore.

Non penso che si dovrebbe pagare per guardare dei graffiti. Si dovrebbe pagare solo per liberarsene."

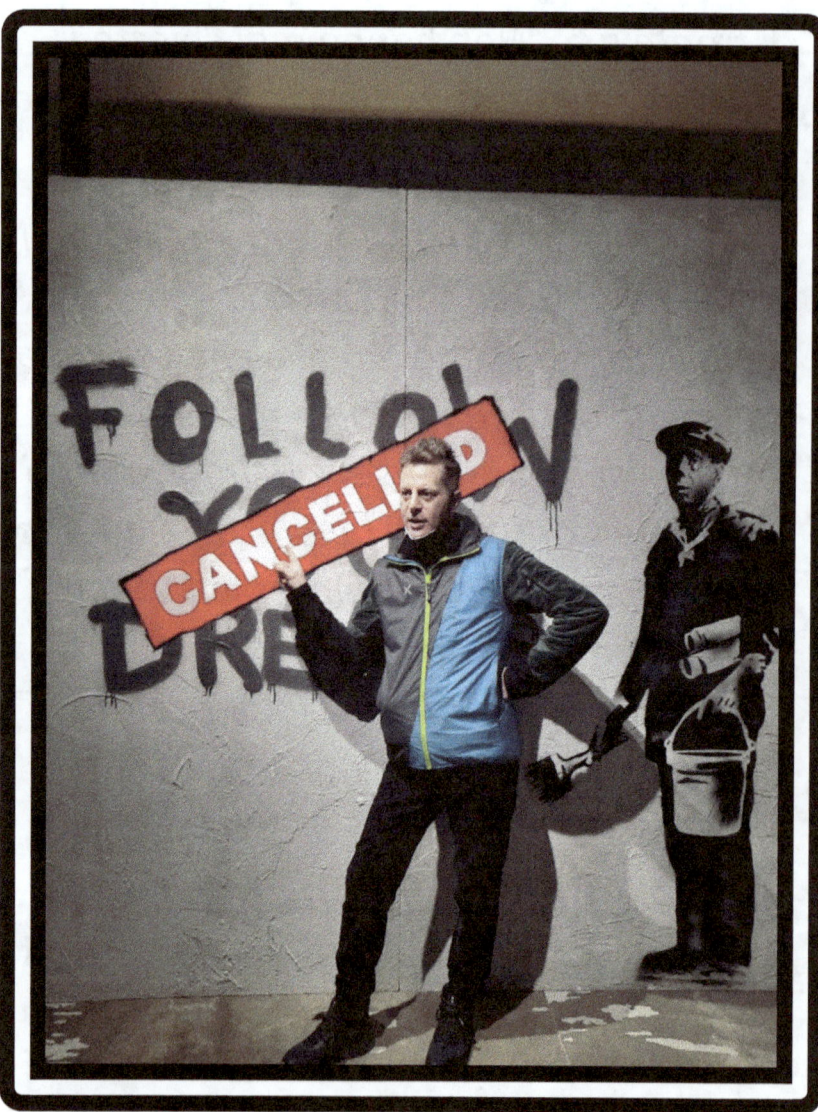

PRIMA DI ANDARE

"Viaggiatore del tempo, posso dirti due cose al volo? "

"Si, certo. Sono qua apposta."

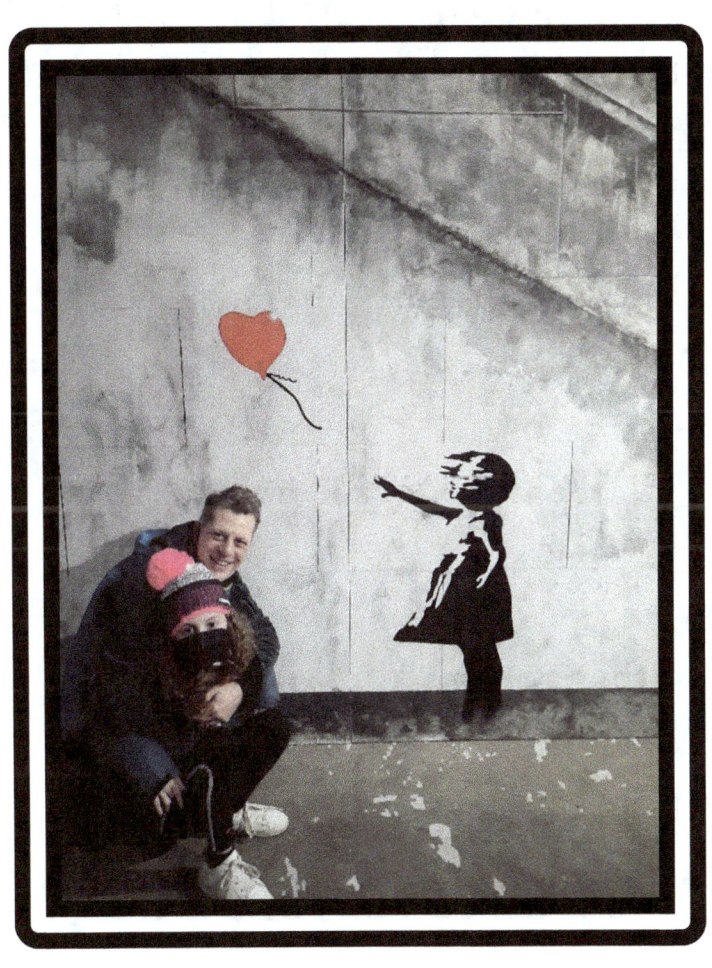

"Non tutti capiranno il tuo viaggio. Non importa. Tu sei qui per vivere la tua vita, non per farla capire a tutti. Più sei scortese, più stronzi incontri.

Ricordati viaggiatore del tempo: parla piano, ma porta con te una grande latta di vernice."

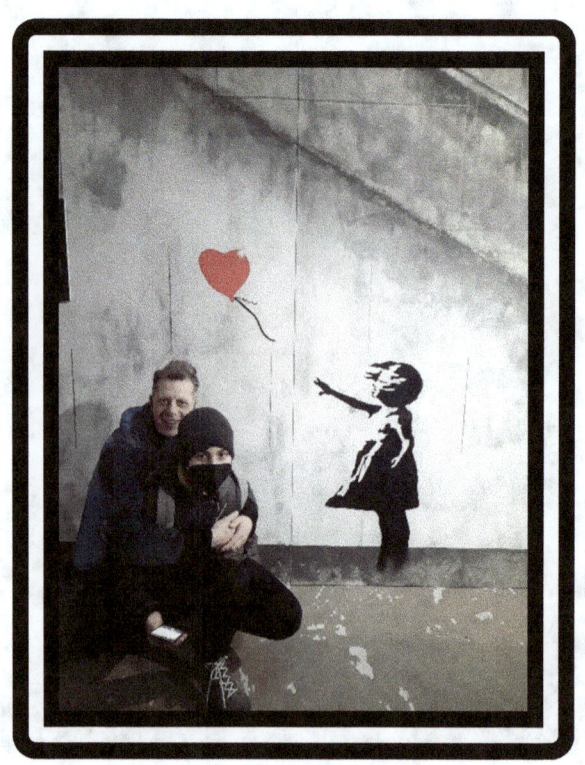

Ride, ma il suo sorriso scompare velocemente.*" Se, se, se: Se non è importante, liberatene. Se non riesci a liberartene, è importante. Se sei piccolo, insignificante e poco amato allora i topi sono il modello definitivo da seguire. Se volete che qualcuno venga ignorato, potete costruire una sua statua a grandezza naturale in bronzo e posizionarla in mezzo alla città. Se vuoi dire qualcosa e farti ascoltare dalla gente, devi indossare una maschera. Se vuoi essere onesto, devi vivere una menzogna."*

Ascolto in silenzio. *"Chiunque sia a favore della pena capitale dovrebbe essere fucilato. Un pensiero originale vale mille citazioni insignificanti. Vivi come un furfante, muori come un eroe.*

Ciò che facciamo in vita riecheggia per l'Eternità." E, alzandosi, e girandomi le spalle, mi dice un'ultima grande verità: *"Quando s' invecchia non c'è niente di meglio delle conversazioni."*

Se n'è andato così, come è lui e la sua arte: in maniera anonima ma con un grande messaggio.

Sapete cosa penso? Il suo volto non è conosciuto ma ognuno di noi sa chi è. Ognuno di noi è Banksy.

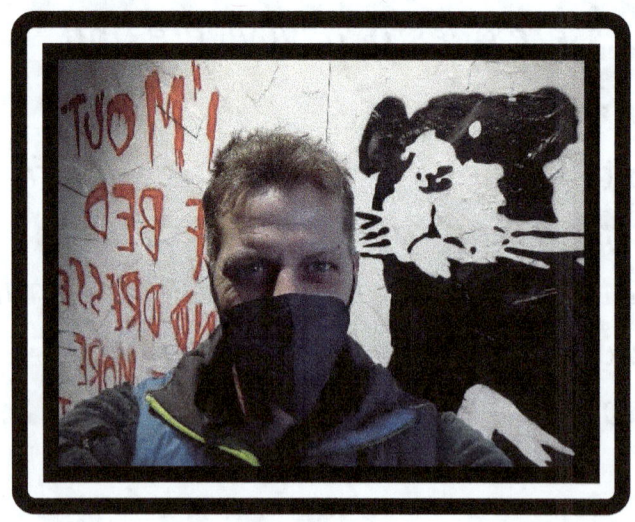

BIBLIOGRAFIA

Banging Your Head Against a Brick Wall (2001)

Existencilism (2002)

Cut It Out (2004)

Wall and Piece (2005)

Pictures of Walls (2005)

You Are an Acceptable Level of Threat (2012)

Will Ellsworth-Jones, L'uomo oltre il muro, L'Ippocampo, 2014.

Simon Hattenstone, Keegan Hamilton, La vera arte è non farsi beccare. Interviste a Banksy

FILM: Exit Through the Gift Shop

www.ingramcontent.com/pod-product-compliance
Lightning Source LLC
Chambersburg PA
CBHW070520220526
45467CB00002B/765